Advent

SOEASN

LAIIGUCRTL

EARY

NYAM

CCHERUHS

EAXNPCETT

WITANIG

PPRRTAIOEAN

CRBLAOEIETN

NITTAVIY

SJSEU

RURTEN

SOENCD

CIONMG

ESTERAN

OOHOTRXDY

Advent - Solution

SOEASN — S E A S O N

LAIIGUCRTL — L I T U R G I C A L

EARY — Y E A R

NYAM — M A N Y

CCHERUHS — C H U R C H E S

EAXNPCETT — E X P E C T A N T

WITANIG — W A I T I N G

PPRRTAIOEAN — P R E P A R A T I O N

CRBLAOEIETN — C E L E B R A T I O N

NITTAVIY — N A T I V I T Y

SJSEU — J E S U S

RURTEN — R E T U R N

SOENCD — S E C O N D

CIONMG — C O M I N G

ESTERAN — E A S T E R N

OOHOTRXDY — O R T H O D O X Y

Christmas Carols

CAIMTHSRS

LCOAR

NSGO

NHYM

EMETH

TNLOADIRATILY

HDOLAIY

SAOESN

LENO

SMICU

DNCINAG

RPUGO

ANDB

PAILNYG

SNGNIIG

CDHIRELN

Christmas Carols – Solution

CAIMTHSRS C H R I S T M A S

LCOAR C A R O L

NSGO S O N G

NHYM H Y M N

EMETH T H E M E

TNLOADIRATILY T R A D I T I O N A L L Y

HDOLAIY H O L I D A Y

SAOESN S E A S O N

LENO N O E L

SMICU M U S I C

DNCINAG D A N C I N G

RPUGO G R O U P

ANDB B A N D

PAILNYG P L A Y I N G

SNGNIIG S I N G I N G

CDHIRELN C H I L D R E N

Christmas Cookies

RPIECE

OORLF

GAURS

GSGE

XREIM

WBLO

EONV

BKINAG

TEESW

STAYT

ENSTO

KECHITN

ITDNEREGINS

OTH

DCOL

BTETUR

Christmas Cookies - Solution

RPIECE R E C I P E

OORLF F L O O R

GAURS S U G A R

GSGE E G G S

XREIM M I X E R

WBLO B O W L

EONV O V E N

BKINAG B A K I N G

TEESW S W E E T

STAYT T A S T Y

ENSTO N O T E S

KECHITN K I T C H E N

ITDNEREGINS I N G R E D I E N T S

OTH H O T

DCOL C O L D

BTETUR B U T T E R

Christmas More

ETRE RTKIS

LHITGS

SGTNRIS

CPTERIECENE

AEFK NWSO

ROIBBN

TLRWBEAAE

LEINNS

CEADLANR

NCRKCTEUAR

TSENIL

MTLIOTSEE

NRATUE

CEDANLS

PTAEISNITOS

CRMHTASIS REET

Christmas More - Solution

ETRE RTKIS — T R E E S K I R T

LHITGS — L I G H T S

SGTNRIS — S T R I N G S

CPTERIECENE — C E N T E R P I E C E

AEFK NWSO — F A K E S N O W

ROIBBN — R I B B O N

TLRWBEAAE — T A B L E W A R E

LEINNS — L I N E N S

CEADLANR — C A L E N D A R

NCRKCTEUAR — N U T C R A C K E R

TSENIL — T I N S E L

MTLIOTSEE — M I S T L E T O E

NRATUE — N A T U R E

CEDANLS — C A N D L E S

PTAEISNITOS — P O I N S E T T I A S

CRMHTASIS REET — C H R I S T M A S T R E E

Christmas Dinner

EALM ☐☐☐☐

TIRTOIDAN ☐☐☐☐☐☐☐☐☐

CTAMHIRSS ☐☐☐☐☐☐☐☐☐

ENNEVIG ☐☐☐☐☐☐☐

SATEF YDA ☐☐☐☐☐ ☐☐☐

COITRLBEEAN ☐☐☐☐☐☐☐☐☐☐☐

VTEAEBLGES ☐☐☐☐☐☐☐☐☐☐

RAETOSD ☐☐☐☐☐☐☐

PETTOOAS ☐☐☐☐☐☐☐☐

AVYGR ☐☐☐☐☐

PNAEHSAT ☐☐☐☐☐☐☐☐

SOGEO ☐☐☐☐☐

UKDC ☐☐☐☐

TRKEUY ☐☐☐☐☐☐

EFBE ☐☐☐☐

GGBREARINED ☐☐☐☐☐☐☐☐☐☐☐

Christmas Dinner - Solution

EALM   M E A L

TIRTOIDAN   T R A D I T I O N

CTAMHIRSS   C H R I S T M A S

ENNEVIG   E V E N I N G

SATEF YDA   F E A S T   D A Y

COITRLBEEAN   C E L E B R A T I O N

VTEAEBLGES   V E G E T A B L E S

RAETOSD   R O A S T E D

PETTOOAS   P O T A T O E S

AVYGR   G R A V Y

PNAEHSAT   P H E A S A N T

SOGEO   G O O S E

UKDC   D U C K

TRKEUY   T U R K E Y

EFBE   B E E F

GGBREARINED   G I N G E R B R E A D

Christmas Eve

EEINNVG

BFOREE

CRIMTASHS

PTAIRAL

HAIDOLY

SIIFGIANNCT

CENIOBLARTES

UGBNE

YORST

COTEIRAN

KOBO

GIENESS

CHHEURCS

CRHCUH ELLB

PERAYRS

MNIIGHDT SMAS

Christmas Eve - Solution

EEINNVG — E V E N I N G

BFOREE — B E F O R E

CRIMTASHS — C H R I S T M A S

PTAIRAL — P A R T I A L

HAIDOLY — H O L I D A Y

SIIFGIANNCT — S I G N I F I C A N T

CENIOBLARTES — C E L E B R A T I O N S

UGBNE — B E G U N

YORST — S T O R Y

COTEIRAN — C R E A T I O N

KOBO — B O O K

GIENESS — G E N E S I S

CHHEURCS — C H U R C H E S

CRHCUH ELLB — C H U R C H   B E L L

PERAYRS — P R A Y E R S

MNIIGHDT SMAS — M I D N I G H T   M A S S

Christmas Food

TEKURY

KPOR CLATPIHAOS

SRAKETY ANOBC

OSRTA PTTOEOAS

PEAOTTOS

ESOGO ATF

PPARSNIS

CROTRAS

APSE

SRTPOUS

AEDRB ESAUC

CRBRERANY AESUC

AVYGR

NPNIAKS

CRSHTMAIS CACKERRS

KEHTICN IFLO

Christmas Food - Solution

TEKURY | T U R K E Y

KPOR CLATPIHAOS | P O R K   C H I P O L A T A S

SRAKETY ANOBC | S T R E A K Y   B A C O N

OSRTA PTTOEOAS | R O A S T   P O T A T O E S

PEAOTTOS | P O T A T O E S

ESOGO ATF | G O O S E   F A T

PPARSNIS | P A R S N I P S

CROTRAS | C A R R O T S

APSE | P E A S

SRTPOUS | S P R O U T S

AEDRB ESAUC | B R E A D   S A U C E

CRBRERANY AESUC | C R A N B E R R Y   S A U C E

AVYGR | G R A V Y

NPNIAKS | N A P K I N S

CRSHTMAIS CACKERRS | C H R I S T M A S   C R A C K E R S

KEHTICN IFLO | K I T C H E N   F O I L

Christmas Tree

DROAITCOEN

ERVEEGREN

CNIFEOR

SUCRPE

IEPN

IRF

AFIITIACRL

ARENACPPAE

CROLTAIEEBN

CSTRAMHIS

SEOR

CREOLOD AREPP

AELPPS

WERFAS

UEYL ETER

STTEAWMEES

Christmas Tree - Solution

DROAITCOEN D E C O R A T I O N

ERVEEGREN E V E R G R E E N

CNIFEOR C O N I F E R

SUCRPE S P R U C E

IEPN P I N E

IRF F I R

AFIITIACRL A R T I F I C I A L

ARENACPPAE A P P E A R A N C E

CROLTAIEEBN C E L E B R A T I O N

CSTRAMHIS C H R I S T M A S

SEOR R O S E

CREOLOD AREPP C O L O R E D   P A P E R

AELPPS A P P L E S

WERFAS W A F E R S

UEYL ETER Y U L E   T R E E

STTEAWMEES S W E E T M E A T S

Christmastide

SASOEN

LIIRCAGTUL

CTSAIRIHN

TTWEDIVELE

DBEECMER

ANEDVT

CRHCUH

EHPTADIPIYNE

CTEINEOBRLAS

CMARTISHS

SATNP'EHS

CLMREHADIS

EWN RAYE

CSUICIMOIRCN

SNOTLEMIY

MTEOHR

Christmastide - Solution

SASOEN — S E A S O N

LIIRCAGTUL — L I T U R G I C A L

CTSAIRIHN — C H R I S T I A N

TTWEDIVELE — T W E L V E T I D E

DBEECMER — D E C E M B E R

ANEDVT — A D V E N T

CRHCUH — C H U R C H

EHPTADIPIYNE — E P I P H A N Y T I D E

CTEINEOBRLAS — C E L E B R A T I O N S

CMARTISHS — C H R I S T M A S

SATNP'EHS — S T E P H A N ' S

CLMREHADIS — C H I L D E R M A S

EWN RAYE — N E W   Y E A R

CSUICIMOIRCN — C I R C U M C I S I O N

SNOTLEMIY — S O L E M N I T Y

MTEOHR — M O T H E R

General Words

AEDNVT

AVIRNDTIESG

AMONLD

LANGE

AEVRRASNNIY

AANNUL

AVRAIRL

ATACIFRIIL ETER

BBYA

BLAUBE

LLBE

LSLEB

LBIEB

RHIBT

BDAIRHTY

BOISHP

General Words - Solution

AEDNVT `A D V E N T`

AVIRNDTIESG `A D V E R T I S I N G`

AMONLD `A L M O N D`

LANGE `A N G E L`

AEVRRASNNIY `A N N I V E R S A R Y`

AANNUL `A N N U A L`

AVRAIRL `A R R I V A L`

ATACIFRIIL ETER `A R T I F I C I A L   T R E E`

BBYA `B A B Y`

BLAUBE `B A U B L E`

LLBE `B E L L`

LSLEB `B E L L S`

LBIEB `B I B L E`

RHIBT `B I R T H`

BDAIRHTY `B I R T H D A Y`

BOISHP `B I S H O P`

Greetings

AONTEOFRN

ETBS

ETBS WSEIHS

CMINTELOMPS

CAOOUALIRTNNTGS

EINVENG

FLCONEITITIAS

FMAROL

DGOO

ODOG AOOFNTERN

DOGO AYD

ODGO WHIESS

EGRTE

GINRETEG

ELOLH

LOEHL RTEEH

Greetings – Solution

AONTEOFRN A F T E R N O O N

ETBS B E S T

ETBS WSEIHS B E S T W I S H E S

CMINTELOMPS C O M P L I M E N T S

CAOOUALIRTNNTGS C O N G R A T U L A T I O N S

EINVENG E V E N I N G

FLCONEITITIAS F E L I C I T A T I O N S

FMAROL F O R M A L

DGOO G O O D

ODOG AOOFNTERN G O O D A F T E R N O O N

DOGO AYD G O O D D A Y

ODGO WHIESS G O O D W I S H E S

EGRTE G R E E T

GINRETEG G R E E T I N G

ELOLH H E L L O

LOEHL RTEEH H E L L O T H E R E

Grocery Shopping

IERC

AMRG

TEAWH

GOUNRD TNU

CICPHEAKS

RNOC RFULO

ILKM

ILKM PEOWDR

BTUETR

CESHEE

AVKOH

SFHER MECRA

SRDCU

PEAENR

CEI MARCE

FZREON SPEA

Grocery Shopping - Solution

IERC   R I C E

AMRG   G R A M

TEAWH   W H E A T

GOUNRD TNU   G R O U N D   N U T

CICPHEAKS   C H I C K P E A S

RNOC RFULO   C O R N   F L O U R

ILKM   M I L K

ILKM PEOWDR   M I L K   P O W D E R

BTUETR   B U T T E R

CESHEE   C H E E S E

AVKOH   K H O V A

SFHER MECRA   F R E S H   C R E A M

SRDCU   C U R D S

PEAENR   P A N E E R

CEI MARCE   I C E   C R E A M

FZREON SPEA   F R O Z E N   P E A S

Happy

YJO

SSBLI

GASELNDS

MRIEERNMT

ODGO LWIL

JNESYOUSOS

RCHEE

DGIEHLT

PLELANFYSUS

EAXUCNREBE

LGHEAUTR

RNECIIJOG

EHRXIATLIOAN

FCEITLIY

EEGL

JTIOIVALY

Happy - Solution

YJO — **JOY**

SSBLI — **BLISS**

GASELNDS — **GLADNESS**

MRIEERNMT — **MERRIMENT**

ODGO LWIL — **GOOD WILL**

JNESYOUSOS — **JOYOUSNESS**

RCHEE — **CHEER**

DGIEHLT — **DELIGHT**

PLELANFYSUS — **PLAYFULNESS**

EAXUCNREBE — **EXUBERANCE**

LGHEAUTR — **LAUGHTER**

RNECIIJOG — **REJOICING**

EHRXIATLIOAN — **EXHILARATION**

FCEITLIY — **FELICITY**

EEGL — **GLEE**

JTIOIVALY — **JOVIALITY**

Jesus

NAEZTRAH

SUJSE

CRSHIT

JWSEIH

PACEERHR

RIEOULGIS

LEDEAR

CINHIATTSIRY

RIOIELGN

ININAOTCARN

DGO

MSAISEH

TEEMSNTAT

GELSPOS

EBLBI

PHACREED

Jesus - Solution

NAEZTRAH NAZARETH

SUJSE JESUS

CRSHIT CHRIST

JWSEIH JEWISH

PACEERHR PREACHER

RIEOULGIS RELIGIOUS

LEDEAR LEADER

CINHIATTSIRY CHRISTIANITY

RIOIELGN RELIGION

ININAOTCARN INCARNATION

DGO GOD

MSAISEH MESSIAH

TEEMSNTAT TESTAMENT

GELSPOS GOSPELS

EBLBI BIBLE

PHACREED PREACHED

Music

MLODEY

PROAE

CEPIE

PRA

KCRO

SGINING

OLSU

NEUT

ASCTUIOC

EBOPB

OPB

CAMEHBR

CASICALSL

LFKO

FSIOUN

HONARMY

Music - Solution

MLODEY **MELODY**

PROAE **OPERA**

CEPIE **PIECE**

PRA **RAP**

KCRO **ROCK**

SGINING **SINGING**

OLSU **SOUL**

NEUT **TUNE**

ASCTUIOC **ACOUSTIC**

EBOPB **BEBOP**

OPB **BOP**

CAMEHBR **CHAMBER**

CASICALSL **CLASSICAL**

LFKO **FOLK**

FSIOUN **FUSION**

HONARMY **HARMONY**

Saint Nicholas

RMAY

ARIB

BOHISP

REKEG

AIAS

RNMIO

ANROM

ERIMPE

MCEILRAS

ISSOTIRCNEEN

NHLAIOCS

WEEKORORDNWR

PROTAN

TISAN

IBHTA

SEECRT

Saint Nicholas - Solution

RMAY   M Y R A

ARIB   B A R I

BOHISP   B I S H O P

REKEG   G R E E K

AIAS   A S I A

RNMIO   M I N O R

ANROM   R O M A N

ERIMPE   E M P I R E

MCEILRAS   M I R A C L E S

ISSOTIRCNEEN   I N T E R C E S S I O N

NHLAIOCS   N I C H O L A S

WEEKORORDNWR   W O N D E R W O R K E R

PROTAN   P A T R O N

TISAN   S A I N T

IBHTA   H A B I T

SEECRT   S E C R E T

Santa Claus

FTHEAR

CSHRAITMS

ANTIS

NLHOIACS

KCNI

KNRGLIE

ASANT

LARGEENDY

CRCAAEHTR

CAHIRSTIN

CUULRTE

TSGIF

ENVIENG

PTOLRY

LYLOJ

HEWIT

Santa Claus - Solution

FTHEAR `FATHER`

CSHRAITMS `CHRISTMAS`

ANTIS `SAINT`

NLHOIACS `NICHOLAS`

KCNI `NICK`

KNRGLIE `KRINGLE`

ASANT `SANTA`

LARGEENDY `LEGENDARY`

CRCAAEHTR `CHARACTER`

CAHIRSTIN `CHRISTIAN`

CUULRTE `CULTURE`

TSGIF `GIFTS`

ENVIENG `EVENING`

PTOLRY `PORTLY`

LYLOJ `JOLLY`

HEWIT `WHITE`

Santa Claus's reindeer

TOAATDINIRL

FSVIETE

LGENED

SGILEH

RNEIEDER

ITGSF

CDLHEIRN

IHETG

DHAESR

DCENAR

PERANCR

IENXV

OMETC

ICDPU

DNDEOR

BETZLIN

Santa Claus's reindeer - Solution

TOAATDINIRL T R A D I T I O N A L

FSVIETE F E S T I V E

LGENED L E G E N D

SGILEH S L E I G H

RNEIEDER R E I N D E E R

ITGSF G I F T S

CDLHEIRN C H I L D R E N

IHETG E I G H T

DHAESR D A S H E R

DCENAR D A N C E R

PERANCR P R A N C E R

IENXV V I X E N

OMETC C O M E T

ICDPU C U P I D

DNDEOR D O N D E R

BETZLIN B L I T Z E N

Snowman

WOSN

SPTULRUCE

SFNALOWL

ETEHR

SLNOWLBAS

FIACAL

FUEREATS

BACENRHS

SMAR

SELMIY

EFAC

CRORAT

SNEO

THA

CRSFA

TRPTREMUEAE

Snowman - Solution

WOSN — S N O W

SPTULRUCE — S C U L P T U R E

SFNALOWL — S N O W F A L L

ETEHR — T H R E E

SLNOWLBAS — S N O W B A L L S

FIACAL — F A C I A L

FUEREATS — F E A T U R E S

BACENRHS — B R A N C H E S

SMAR — A R M S

SELMIY — S M I L E Y

EFAC — F A C E

CRORAT — C A R R O T

SNEO — N O S E

THA — H A T

CRSFA — S C A R F

TRPTREMUEAE — T E M P E R A T U R E

Thanksgiving

EKBA

BHTARIDY

BNSLESIG

RADEB

CAELTBREE

COILTEBRAEN

CMSRAHITS

ETESAR

FIALMY

TAFES

FTISVEE

OODF

TFGI

AGERC

GTTADUIRE

HVSERAT

Thanksgiving - Solution

EKBA   B A K E

BHTARIDY   B I R T H D A Y

BNSLESIG   B L E S S I N G

RADEB   B R E A D

CAELTBREE   C E L E B R A T E

COILTEBRAEN   C E L E B R A T I O N

CMSRAHITS   C H R I S T M A S

ETESAR   E A S T E R

FIALMY   F A M I L Y

TAFES   F E A S T

FTISVEE   F E S T I V E

OODF   F O O D

TFGI   G I F T

AGERC   G R A C E

GTTADUIRE   G R A T I T U D E

HVSERAT   H A R V E S T

Vacations

ADATCOMCOOMIN

ARARIFE

HABEC

CUISRE

GTYWAEAS

DTINIATSOEN

OJYNE

FILMAY

FVIEASTL

FHDNISREIP

HAOLIYDS

HEOMNYOON

THELO

LUREISE

OINTUG

PNICIC

Vacations - Solution

Scrambled	Solution
ADATCOMCOOMIN	ACCOMMODATION
ARARIFE	AIRFARE
HABEC	BEACH
CUISRE	CRUISE
GTYWAEAS	GETAWAYS
DTINIATSOEN	DESTINATION
OJYNE	ENJOY
FILMAY	FAMILY
FVIEASTL	FESTIVAL
FHDNISREIP	FRIENDSHIP
HAOLIYDS	HOLIDAYS
HEOMNYOON	HONEYMOON
THELO	HOTEL
LUREISE	LEISURE
OINTUG	OUTING
PNICIC	PICNIC